JN438156

나눔의 퍼즐 조각

이윤순 시조집

2018년 불교신문 신춘문예 시조부문 당선작가

문학공원 시선 137

나는야 퍼즐 조각

이윤순 시조집

<자서>

미래는 죽었으나, 과거는 살아서 펄떡이는 순간과 함께…

아쉽다는 말밖에 떠오르는 말이 없습니다. 청춘 다보내고서야 문학의 문턱에 들어서고 65세에 시로 등단하고, 67세에 시집 한 권 세상에 내어놓고서, '이제 세상에 이름 석 자 남기는구나'라고 만족하며 살아왔습니다.

사람 욕심이야 끝이 없지만 칠순을 넘겨도 문학에 대한 목마름이 계속되었고, 그것이 또한 삶의 원동력이기도 했습니다. 하지만 도전에 의의를 두었던 <불교신문> 신춘문예에 시조가 당선되면서 주어진 시간이 더욱 소중해지고 삶에 대한 애착은 더 강해졌습니다. 문학이란 녀석은 이제 와서 발목을 잡고 절 놓아주질 않습니다.

지금 제가 살아가고 있는 순간은, 호스피스 병동에서 진통제에 의지한 시한부 삶입니다. 떠나갈 날만 기다리는 그 시간들 속에 미래는 죽고 없습니다. 하지만 과거는 그 어느 때보다 선명하게 살아서, 냇가에서 두 손으로 잽싸게 잡아챈 버들치처럼 펄떡입니다.

과거를 붙잡고 글을 쓰면서 오늘이라는 이름으로 호스피스 병동에서의 아픔 없는 순간에 감사를 느끼고 있습니다. 끝을 내는 것이 아니라, 완성하는 것이 삶이기에 지난 삶에 후회는 없습니다.

이 세상에 여행 와서 사랑하는 피붙이들과 아껴주고 격려해주는 지인들을 만나서, 저 순이는 참으로 사람같이 살 수 있었고, 참으로 많이 행복하고 즐거웠다고 전하고 싶습니다. 이제 저에게도 완성의 시간이 다가옵니다. 모든 분께 감사와 사랑을 전합니다.

저를 알고 함께 이 세상을 살아주신 여러분, 참 고마웠습니다. 마지막으로 인사드립니다. 부디 안녕.

2018년 지독한 여름

이 윤 순 배상

차 례

1부. 꽃들의 반란

2부. 전천후 신발

3부. 내 고향 갓골

4부. 맹목의 사랑

5부. 인생사 새옹지마

6부. 투병일기

작품해설 / 김순진(문학평론가)

1부.
꽃들의 반란

대구지하철 3형제

첫째로 태어나 1호선 이름 달고
참사의 아픈 기억 가슴에 간직한 채
오늘도 터널을 달린다 속죄하는 맘으로

둘째로 태어나 2호선 이름 얻어
형의 뜻 받들어서 대구시민 발이 되어
혈관의 임무를 다하는 든든한 소통 달인

비행기도 아닌 것이 자동차도 아닌 것이
공중을 누빈다 대구 명물 재롱둥이
힐링을 선사하네요 사랑해요 3호선

꽃들의 반란

꽃이란 이름으로 세상에 온 죄로
빗방울이 간질이고 바람이 흔들어도
꺾이면 끝장이기에 웃으면서 한들한들

연약함이 죄인가요 향 좋은 게 죄인가요
꿀벌들 제멋대로 허락 없이 들락날락
꿀 채취 핑계 삼아서 독침 쏘지 말아요

독침 맞은 예쁜 꽃 멍어리 냉가슴
아무리 꽃과 벌이 상생하는 숲이지만
군것질 거리 아니라오 자존심 밟지마오

혀 · 1

뼈 가시
하나 없고
한 없이 부드러운
세 치의
작은 몸집
죽은 듯 엎드려도
어쩌다
독이 오르면 총칼처럼 무서워

누구나
차별 없이
사람마다 가졌지만
용도에
따라보면
그 차이 엄청나다
인격을
관리하려면 신중하게 사용하길

혀 · 2

세 치의 작은 몸 동굴 속에 엎드려
이제나 나가볼까 저제나 나가볼까
따스한 침 속에 잠겨 출동을 기다린다

뼈대도 안 가지고 가시 또한 없기에
부드러운 몸짓으로 한가로이 있다가도
화나면 칼처럼 무서우니 관리를 잘하자

도전의 맛은 달아

송충이
솔이파리
먹어야 된다지만
뽕잎을
먹어본들
그 누가 뭐라 하리
송충이
뽕잎 먹어서
매끈한 몸 가져볼까

못 오를
나무에는
오르지 말라지만
사다리
놓고라도
오르면 누가 뭐래
나는야
가방 끈 짧아
사다리 이용했지

생활이 전쟁

전쟁이
따로 없네
학교 직장 전쟁터라
날 새면
시시각각
전쟁터 출전하네
명무기
무언가 하니
명석한 두뇌로다

두뇌로
싸움하니
힘센 이 무슨 소용
애 어른
할 것 없이
지쳐서 돌아오네
언제나
머리 안 쓰고
편히 사는 세상 올까

꿈

– N포 세대에게

포기하면 남의 것 간직하면 나의 것
용기를 내어 보세 좌절은 절대 금물
꿈이란 꾸는 자의 몫 꾸어야 이룬다네

마음속에 두지 말고 밖에 나가 펼쳐들고
도전을 하여보세 도전해야 얻게 되네
어딘가 내 몫 있으니 희망 걸고 찾아보세

할까 말까 망설일 땐 하는 것이 정답이오
열까 말까 망설일 땐 문 여는 게 정답이라
힘내어 노크해 봐요 분명하게 길 있어요

금수저 부러워 말고 흙수저 원망마오
영원한 금이 없고 영원한 흙 없다네
인생사 새옹지마라 갑이 을로 바뀔 수 있어

눈 밝고 혈기 왕성 무기 중에 상무기
불가능은 없다네 간절하면 이루는 법
잣대를 조금 낮추면 행복은 자기 것

높은 곳 보지 마오 어차피 내려올 것
동아줄도 세월가면 녹슬어 끊기는 법
인생사 거기서 거기라 낙심일랑 말아요

보릿고개 세대들 눈 어둡고 배고파도
머슴살이 식모살이 갖은 노력 다하면서
부모님 잘 모시면서 아들 딸 키웠다네

자연

위대한 당신은 영원한 봉사자다
봉사의 참뜻을 실천해 보여주며
보상을 바라지 않는 당신은 진정한 봉사자

덥거나 춥다거나 계절을 안 가리고
수많은 세월동안 묵묵히 품어 와도
생색을 내지 않는 당신은 인간의 스승이라

천지간 만물을 변함없이 지켜주니
어이해 우리 인간이 따르지 않으리오
당신의 섭리 본받아 실천하며 살리라

바나힐

베트남
바나산에
만들어진 프랑스 마을
참회하는
마음인가
속세를 떠나있네
한 맺힌
베트남 구름
못 떠나고 머무누나

천사백
팔십칠 고지
시원한 구름나라
일 년 중
해 볼 날이
며칠 밖에 없다하네
하늘이
부끄러운지
안개 장막 치고 있네

섭리

지구의
수레바퀴
고장 없이 잘 돌아서
서산이
삼킨 해를
동산이 토해내고
세월을
만들어가며
자연이 동행한다

뛸 재주 없으니 구르지

지붕 위의
굼벵이가
구르고 싶어 구르나
뛸 재주
없으니
굴러야 땅에 닿지
세상사
모든 것들이
이유가 다 있다오

멍멍이의 고민

울도 담도
없는 집
마당에 주저앉아
오고간 이
거동 보며
도선생을 찼는데
어떤 놈
도선생인지
도대체가 알 수 없어

눈치 후각
백 단으로
고개만 갸우뚱
짖어볼까
말아볼까
망설이는 멍멍이
도샘도
사람과 같으니
가려내기 어렵도다

할매와 자가용

눈뜨면
함께하는
할매와 리어카
리어카는
삐그덕
할매는 절룩절룩
각자의
생에 연장전에
열심히 도전 중

오르막
올라갈 땐
할매가 끌어주고
내리막
내려갈 땐
리어카가 끌어주며
오늘도
옆집 할매와
동행하는 리어카

옹고집

고집쟁이
중에는
엘리베이터 뺄 수 없지
정원 초과
딱 걸리면
절대로 안 움직여
아무리
고집 센 자도
이 길 방법 없지요

황소고집
동네 할배
지팡이 짚고 물러서며
허 허 참
그 놈이
고집이 대단하네
오늘은
내가 졌다만
다음에는 함 보자

울산바위의 충고

파도가
높으니
바람이 신이 나서

저희들
세상인양
겁 없이 설쳐대죠

설악산
울산바위가
경거망동 말라하네

개미

너희들
부지런을
알고는 있었다만
장의사
전문인 걸
나 미처 몰랐구나
묵묵히
협동하는 모습
사람들의 본보기

시체 종
안 가리고
밀고 당겨 잘 옮기네
카페의
친구인가
밴드의 회원인가
너희도
정보시대에 사니
연락 빨라 좋구나

수어지교

소공원
구석자리
마주 앉은 두 양반
병 씨는
부어주고
주객 씨는 마시더니
어느 새
정이 들었나
함께 노숙하는구나

다 부어준
빈병 씨들
허기져 쓰러졌고
받아 마신
주객 양반
취해서 쓰러졌네
바닥 친
세상에서도
빈부격차 완연하다

산비둘기

어둠살이
덜 풀린
고요한 이른 아침
산비둘기
한 마리가
목 놓아 통곡한다
아마도
지나간 밤에
가족을 잃었나봐

사랑한 님
보냈느냐
자식새끼 잃었느냐
이 세상 문은 좁아
오는 순서 있지만은
저 세상
문은 넓어서
가는 순서 없단다

자연의 섭리를
인간도 순응커늘
하물며
너희들이
자연을 거스를까
생이란
자연의 조각이라
왔으니 갈 수밖에

고목

벼랑 끝
바위틈에
뿌리내린 저 고목
칼바람
천둥번개
맨몸으로 다 맞으며
견뎌온
수 십 여년 세월
병든 가지 절반이라

병든 가지
돋은 새순
철없는 어린 잎새
창공을
바라보며
호연지기 기르는데
물관부
노화된 고목
언제까지 버텨줄까

무슨 업
그리 많아
한 평생 속 썩여도
터널 끝
안 보이고
고뇌 속 헤매이나
언제쯤
끝 보이려나
고달프다 이승살이

도덕의 부재

명예의
노예되고
금전에 장님되고
고득점에
정신 팔려
전통윤리 외면하니
도덕이
버림받은 채
땅을 치며 통곡한다

어른이
누군고 하니
수험생이 어른이라
가족들은
눈치보고
이웃까지 숨죽이네
음식도
자녀들 위주
가장 등급 최하위급

까막눈
무식이가
효도를 더 잘 하고
쓸모없는
굽은 나무
선산을 지키거늘
박사나
석사되어도
불손하면 무용지물

연리지 사랑

자음자
빛내려고
모음자 희생하네
세로 서고
가로 눕고
뒤집고 엎드리며
우리말
표현하려고
최선을 다하구나

우리 글
모음 자음
연리지 사랑으로
언제나
함께해서
글자 꼴 만들듯이
부부도
이 같이 합심해
화목가정 이루시길

2부. 전천후 신발

휴지의 뼈

허구한 날
풀고 풀어
다 베풀고 남은 너
윤회의 길
돌고 돌아
두루마리로 온 너
널 다시 보내주노라
폐기 아닌 재활용으로

속 비우고
겉 비우고
앙상한 너의 모습
궂은 일만
다하다
뼈대 만 남은 너
다음 생
어떤 모습으로
돌아올지 궁금하네

물의 생명

구름은
흘러흘러
땅으로 간다 하고
강물은
흘러흘러
하늘로 간다 하네
하늘 땅
돌고 돌면서
영원불멸 산다 하네

하늘에서
생 다하면
땅으로 내려오고
땅에서
생 다하면
하늘로 올라가고
세상에
영원한 건 없다고
그 누가 말했나

돈

성인지
이름인지
한 음운인 그대 이름
이 세상
만인들을
울게 하고 웃게 하네
어느 골
어느 작명가가
그대 이름 지었던가

자음 둘
모음 하나로
포개진 그 이름을
우러러
바라보며
해바라기 하건마는
도도히
눈길 주지 않는
냉정스런 그대여

용되고
도롱뇽되기
그대 맘에 달렸거늘
측은지심
발동하여
자비를 베풀어서
이 시대
N포세대들에게
희망 용기 나눠주오

좌갈 우등

산속의
칡과 등은
나무를 죽게 하고
나라님들
갈등은
나라 목을 조른다
애국을
하고 싶거든
갈등을 제거하소

나무도
아닌 것이
풀도 아닌 것이
천년을
살아봐도
곧은 기둥 안 되는데
어이해
나라님들은
갈등을 기르시나

갈과 등을
한 곳 모아
광화문 광장에다
넝쿨 올려
그늘 만들어
민초들 쉬게 하고
화평한
화합의 광장
꾸며보면 어떠리오

의자놀이

이 땅에
의자놀이
언제나 사라질까
나이를
먹을수록
공부를 할수록
갈수록 의자 숫자가
줄어드니 큰 문제

의자를
차지한 자
만족을 하겠지만
같은 자리
빙빙 돌다
놓쳐버린 그 비참함
어디에 하소연하며
누구를 원망하리

존심 잣대
낮추면
의자 수는 많다오
회전의자
나무의자
다 같은 의자인데
행복은 마음속에 있는 것
의자 종류 연연 말자

애간장(肝腸)

– 2018 <불교신문> 신춘문예 당선작

설마에
속아 산 세월
어느 덧 팔십 여년
태워도
안 타더라
끓여도 안 익더라
아파도
끊기지 않는 너 북망산은 끊어줄까

세상에
질긴 끈이
천륜 말고 또 있을까
노구의
어께 위에
버거운 짐 덩이들
방하착(放下着)
할 수 없으니 착득거(着得去) 할 수밖에

일복도 복은 복이지

게으름
피워 봐도 늦장을 부려 봐도
도와 줄
사람 없고 내 손이 내 딸이라
복 중에
일복을 받았으니 쓸 만하단 증거겠지

촌뜨기도 옛말

도시나
시골이나
별 차이 없어졌네
티브이
냉장고
세탁 기 다 있으니
시대가
많이 바뀌어
도시 농촌 구별 없어

냉장고엔 밀폐용기

락앤락
반찬통이
냉장고 차지하니
어설픈
반찬통들
설자리 잃었구나
도지기
반찬통들은
밥상 위만 차지해

부딪쳐보고 후회하는 게 낫다

네모진
방안에서
꿈만 꾸는 사람들아
꿈이란
자고로
실천이 중요하다네
방문을
활짝 열고서
문지방을 넘어서게

할까 말까
망설일 땐
하는 게 정답이요
열까 말까
망설일 땐
여는 것이 옳은 일
뭐든지
해보는 것이
성공의 지름길

늦게 핀 꽃 한 송이

다 못핀
꽃망울
오므리고 있는데

저희끼리
꽃잔치에
봄비까지 한몫하네

늦게 핀
꽃이라 해도
내 이름은 봄꽃이야

밥통 싸움

뚜껑 열려
기울어진
밥통은 하나인데
너도나도
침 흘리며
송곳니 드러내어
눈 붉혀
안면몰수하고
으르렁 드르렁

멋모르는
민초들
암수도 구별 못해
물래 눈만
돌리면서
눈치만 살피네
굿 보며
떡이나 먹지
무슨 힘이 있는가

전천후 신발

리본 달린 꽃고무신 알록달록 고무신
시커멓던 고무신이 꽃고무신 변신했지
장날을 기다렸다가 얻어 신던 고무신

여름 에도 고무신 겨울에도 고무신
비가 와도 고무신 눈이 와도 고무신
고무신 한 켤레 있으면 사계절이 걱정 없었지

들락날락 카페

다음엔 어느 님이 이으실까 궁금하네
낯가림 없는 카페 스토리 우리 카페
시간도 자유로우니 오며가며 들려봐요

기웃기웃 살피시고 고운 흔적 남기시어
임도 보고 뽕도 따고 심신을 휴식하고
문우 간 정도 쌓으며 알찬 카페 만들어요

가슴앓이 병신년

까마귀
누구이며 백조는 누구인가
풍파를
만난 저배 선장은 누구인고
선장이
너무 많아서 산에 갈까 두려워

올해는
이천십육 태세가 병신이라
온 백성
병든 맘에 명약이 무엇인고
병신년
어서 보내고 갈아보자 정유년에

다정한
문우님들 시 창작 하시느라
창작방
문지방이 무쇠라도 다 닳컷네
이 방도
좀 들리세요 이 방 시조 잇기방에

유일한 짝꿍

라이터에 기죽어
성냥양반 사라지고

성냥한테 기죽어
부싯돌 사라졌지

그나마
맥추는 라이터
담배 빽이 아니든가

라이터와 담배는
끈끈한 인연으로

세상에 온 이후로
여태껏 함께 하네

서로가
배신을 한다면
존재가치 무의미

궁금증

서울시 은평구
녹번동 오피스텔
오백일호 스토리 문학사 사무실에도
지금쯤
봄비 추적추적
흩날리고 있을까

김순진 교수님과
전하라 편집장님
우산 들고 황급히 점심해결 가실까
아니면
사무실에서
짜장면을 시켰을까…

민들레

터라고 해봐야 못 하나 겨우 꽂을
보도블록 사이에 웃고 있는 노란 꽃
밟히고 차이면서도 제 할일은 다한다

형편에 맞추어 꽃대 높이 조절하여
꽃피우고 씨 맺어 바람에 힘을 빌려
종족을 번식하는구나 꿋꿋하다 네 모습

우리글 자음 모음

자음자 이름 달고 기역 니은 태어나고
모음자 이름 달고 ㅏ ㅑ ㅓ ㅕ 태어나서
서로가 어우러져서 가나다라 되었구나

자음자 맞추려는 모음자 노력보소
세로서고 가로눕고 뒤집어 받쳐주며
모양새 전혀 달라도 합심하면 다 된다네

우리글 자음 모음 찰떡궁합 사랑으로
마주서고 기대면서 글자 꼴 만들듯이
부부도 이처럼 하면 가정마다 행복오리

해도 너무해

지은 죄 어쩌려고 얼마나 잘 살려고
낳지를 말 것이지 비정한 부모들아
그렇게 행동하고서 편히 살길 바랐을까

자식이 낳아 달라 부탁을 했단말가
저 좋아 낳아놓고 제 맘대로 없애고
짐승도 새끼 챙기는데 이건 완전 쓰레기

3부.
내 고향 갓골

삼남매

못 하나
겨우 꽂을
인도블록 틈 사이에
혈연으로
세상에 온
세 송이 민들레꽃
세파를
다 견뎌내고
봄을 맞아 웃는구나

꿋꿋하게
살아온 세월
지난 날 돌아보며
아팠던
추억들도
지금 와서 미소짓네
밟히고
흔들렸지만
후회 없는 삶이었네

경로당

꽃잎도
보내주고
열매도 보내주고
마지막
잎새까지
모두 다 보내버린
나목이
숲을 이루어
의지하며 살아간다

빛나는
눈동자
바쁘게 굴리면서
꿈 찾아
헤매이던
퍼렇던 젊은 몸이
세월에
무릎 꿇고서
추억잡고 사누나

마음의 벽 허물기

시월드[1)]
싫다하고
친정만 좋아마소
친정이
시월드고
시월드 친정이네
세상사
일체유심조라
차별 말고 살아보세

딸래미
며느리고
며느리도 딸이거늘
박힌 돌
굴러온 돌
다 같은 돌이로다
며느리
딸처럼 보고
시부모 내 부모처럼

1) 시집살이를 빗댄 말

매원초교 6회 동기생
– 동기들과의 칠순을 기념하며

여섯 산 봉오리 모여 매화 닮아 매원이라
육년을 매원에서 함께 했던 친구들이여
청춘의 홍안 어디다 두고 백발로 돌아왔나

후다닥 흘러버린 우리 인생 칠십 년을
어디서 보상 받고 누구에게 보상받나
무정한 세월에 끌려 오다보니 칠십 고개

고달픈 인생 터널 통과한 우리 벗들
늙는 건 익어가는 거라 스스로 긍정하며
행복의 배터리 끼우고 웃으면서 살아가세

추억 속의 모교

내 잔뼈 굵어진 곳 칠곡의 매원초교
허리에 책보 메고 매일매일 갔던 곳
이 십리 떨어진 학교 내 눈 뜨게 해준 곳

책걸상 준비 안 돼 마루에서 공부했지
강변 가서 자갈 주워 치마폭에 담아다가
교실 앞 깔아놓고서 자갈길로 다녔지

아득한 그 옛 시절 돌아가고 싶어진다
코흘리개 옛 친구들 지금은 할배 할매
내 모교 매원초등학교 잘 있는지 궁금해

내 고향 갓골

내 고향 갓골은 하늘만 보이는 곳
낮이면 산새소리 해지면 부엉이소리
밤이면 너구리 내려와 문 앞에서 울던 곳

담 넘어 아랫집에 경자 수자 살았었지
그 애들도 지금쯤은 할머니 되었겠지
통치마 나풀대면서 달려오던 경자 수자

산에다 소 올리고 계곡에서 가재 잡아
모닥불 피워놓고 구워먹던 좋은 시절
콩서리 밀서리 맛이 꿀맛이던 갓골 꼴짝

하루는 용시골로 또 하루는 감나무골
골골마다 소 몰고 산천을 누비었지
더우면 웅덩이에서 개구리와 놀았었지

나는야 덕산의 딸

왜관읍 봉계리는 덕산이씨 집성촌
옆집에 종숙모 뒷집에 삼종 오빠
거의 다 일가였다네 훈훈한 고향마을

친구도 일가요 동창생도 일가였네
명절날은 대소가를 두루 돌며 세배 제사
떼 지어 찾아다니며 즐거웠던 내 고향

남녀 칠세 부동석 내외하던 그 시절
타성 남자 마주치면 서로가 외면했지
남녀가 유별하다고 엄한 율법 지켰었지

지금 와 생각하니 웃음이 절로난다
육년을 한 교실서 공부했던 그 남친도
이제야 동창회 가면 악수를 한다오

부자들의 놀이 공간 골프장이 들어와서
산천이 파 헤쳐져 옛 모습 간 곳 없고
정든 이 모두 떠나고 낯선 사람 수두룩해

두 어머니

나는야 복이 많아 어머니가 두 분이라
낳아주신 어머니와 길러주신 어머니
이 두 분 아니었으면 지금의 내가 없지

낳아주신 어머니는 얼굴 몰라 정도 몰라
길러주신 어머니만 속속들이 정 들었네
엄마를 떠올릴 때면 새엄마가 떠올라

낳은 정 기른 정 두 정 다 중하지만
자라면서 부대낀 정 그 정을 무시 못해
지금도 맘이 짠하네 그리워라 새 엄마

운동댁 울 엄마

– 생모님께

한 달된 동생 두고 자는 듯이 가신 엄마
죽음 복은 탔건마는 사 남매 어쩌라고
내 나이 다섯 살이라 떡 맛만 좋았더라

엄마의 존재가 소중한 줄 몰랐다오
죽음이 뭔지 몰라 울 줄도 몰랐다오
초라한 상여 보면서 구경 좋아 신 났다오

남의 집 일인 듯이 양손에 떡을 쥐고
상여를 따라가며 싱글벙글 폴짝폴짝
보는 이 기가 막혀서 눈시울 적셨다네

새 엄마 울 엄마

내 나이 여섯 살에 새어머니 오셨네
처음 보는 파마머리 빼딱 구두 핸드백에
멋쟁이 서울 색시가 우리 엄마 되었다네

연노랑 양단저고리 새까만 비로도치마
친척들 놀래서 고개만 절레절레
아마도 이집 귀신이 안 될 거라 했던 엄마

등겨 섬에 모과 보고 겨울에 웬 참외냐
신기해 좋아하던 서울댁 새엄마가
한 평생 희생하시고 우우양량踽踽涼涼 가셨다네

새 운동댁 울 엄마

홀아비의 삼남매와 인연의 끈 맺어져
서른한 살 서울 새댁 산중에 뿌리내려
무명초 이름 달고서 헌신하신 새엄마

햇보리밥 적응 안 돼 뒷간을 들락날락
보리밭 둑에 앉아 꺾어 불던 버들피리
구성진 그 곡조들은 한이 담긴 넋두리

노년을 누리자

나이 많다 다 늙었다 한탄을 하지 말자
젊음을 누렸으니 노년 옴이 당연지사
나이란 공든 탑이며 인생의 훈장이라

비싼 대가 치르면서 한 살 한 살 모인 나이
쌓아온 경험으로 나이 값 하며 사세
늙음은 무르익는 것 인생의 지혜 창고

아는 건 가르치고 모르는 건 배우며
노년을 현명하게 보람 있게 누려 보세
에누리 없는 인생길 의미 있게 살다 가요

아무리 배워도 모르는 게 있듯이
경험이 쌓였어도 시행착오 자꾸 생겨
얼마나 오래 살아야 인생박사 되어질까

출산할 땐 하늘도 앓는다

우르릉 쾅쾅쾅 우르르르 쾅쾅쾅
하늘이 울상으로 산통을 견디면서
천지를 개벽할 듯이 소리소리 지른다

대지의 운명은 하늘에 달렸거늘
가뭄을 해갈하려 사력 다한 진통 끝에
드디어 주룩 주르륵 장대비 쏟아낸다

목말랐던 대지는 한 숨을 돌리고
뭇 생명들 파릇파릇 생기를 찾았지만
진통의 후유증으로 하늘은 잔득 찌푸렸다

땅은 출산해도 앓지 않는다

움트는
새싹들을
환영하는 훈풍이
따스한
봄 햇살과
대지 위에 뒹굴면
냇물이
깨어 흐르고
개구리도 깨어나지

겨울 내내
품고 있던
온갖 생명 출산해도
대지는
말이 없네
소리 소문 내지 않네
말없이
진통을 감내하며
따뜻한 봄 낳는구나

인간만이 누리는 풍류

이태백
김삿갓이
즐기던 술과 시는
수많은
세월이
흘러흘러 왔건마는
그 매력
지금까지 이어져
세상이 훈훈하지

인공지능
제 아무리
날고뛴다 하지만은
글 쓰는
재주만은
인간을 못 따르리
이세돌
이겨먹었다고
자만하지 말아라

입춘이 도래하니

다 지난
겨울인가
다가온 봄날인가
입춘이
뒷짐 지고
문턱을 들어서니
한 바탕
꽃샘추위로
밀당을 하는구나

우리 어메

고우시던
우리 어메
베수건 모자 쓰고
쪼그려
밭 매시다
모자 벗어 땀을 닦고
새참을
잡수시면서
남은 고랑 세어본다

내 가족

부모님
은덕으로
이 세상 홀로 와서
형제 만나
반가웠고
자식 만나 기뻤다네
든든한 버팀목 되어주어
행복을 맛보았네

빈손으로
세상에 와
한 밑천 잘 잡았다네
딸 아들
사위 며느리
손자 손녀 여덟 명에
가족이 열여섯이라
이만하면 남는 장사

나는야 퍼즐 조각

퍼즐을
맞추려고
여기 왔다 저기 갔다
빠진 일상
메우는 게
이 몸의 보람이라
늙어도
쓸모 있음이
얼마나 다행인가

이 한 조각
빠지면
그림이 완성 안 돼
마늘자리
며늘자리
엄마와 할머니 자리
틈 없이
메우다 보니
내 청춘 간 데 없네

신라면 사랑 엄니

이름자
못 써보고
구십 평생 살다 가신
라면을
좋아하신
까막눈 우리 엄니
진라면
안성탕면 마카다
신라면 이라 카고

당뇨에
고지혈증
해롭다고 말려 봐도
막무가내
청하시던
우리엄니 라면 사랑
신라면
사장님에게
광고비를 받으셨나

옛날에 울 엄마

때 묻은
행주치마
허리에 졸라매고
밥상 들고
이방 저 방
바빴던 울 엄마
양푼의
꽁보리밥도
앉아 한 술 서서 한 술

4부.
맹목의 사랑

그림의 떡

임무를 다하고자 시간 맞춰 출근하는
젊은이 출근길이 너무나 고달프다
젊다는 이유만으로 자리양보 필수지

한 가정 어깨 메고 총 없는 전쟁터를
지친 몸 이끌고서 바삐 탄 지하철은
아무리 피곤하여도 좌석은 그림의 떡

빠지면 힘들어

죠죠죠 저 할매가 도대체 와카는교
젊은이 본받아서 핸폰에 빠졌든교
빠지면 헤어나기가 엄청나게 어려운디

애들은 빠져봤자 빠르게 나오지만
어른은 어디라도 빠지면 힘들어요
기력이 안 따라주니 되도록 몸조심

가고 없는 이의 물건들

신장 안에
구두가
주인을 기다린다
몇 달 가고
몇 해 가도
주인을 볼 수 없어
행여나
오실까
분단장 다 하고서

옷장에
양복 한 벌
주인을 기다린다
기다리다
지쳐서
어깨가 처져 있다
얼마나
더 기다려야
너의 주인 나타날까

거울이 하는 말

거울은
날마다
내 모습 알려줬다네
세월 따라
주름이
늘어가고 있다고
갑자기
늙은 거 아니니
탄식을 말라 하네

오늘을 잘 살아야

소금도
금이요
지금도 금이라
금중에
으뜸금은
지금이 최고라오
오늘의
지금 이 시간을
의미 있게 살아야 해

돈이 다가 아니여

다이소
천냥마트
다 있다 하지마는
청춘도
안 팔고
행복도 안 팔더라
돈 줘도
못 구할 것이
한두 가지 아니더라

새해와 만남

나 홀로
찾아 갔네
동해에 새해맞이
소원을
빌기 전에
동태 될 뻔 했다네
바다가
고향인 줄 알고
뛰어들 뻔 했다오

고시생

네모진
좁은 방에
자나 깨나 책과 시름
공간은
좁지만은
큰 꿈을 안고 사네
새우잠
자겠지마는
꿈만은 고래 꿈 꾸이소

웃으며 살아요

보약이
따로 없고
웃음이 보약이라
웃어야
복이 오고
건강도 찾는다네
웃기는
친구가 바로
보약 같은 친구라

정유년 가을

해마다
맞이하는
낯익은 가을 하늘
올 가을은
왜 그런지
더 곱게 보여지네
청명한
저 가을 하늘
내년에도 볼까나

늦가을

아침에
찬 서리는
해님이 걷어가고
들판의
황금곡식
농부들이 걷어가고
산천의
고운 단풍은
찬바람이 걷어갔네

비어져
훤한 들판
허수아비 혼자 서서
풍년 되어
좋았다고
미소를 짓는구나
올해도
수고했으니
자네도 쉬러가게

내 마음

시도 없이
때도 없이
자유로이 나대는 너
과거로
현재로
미래로 오가는 너
빌딩도
지었다 부수었다
온갖 짓을 다 하는 너

잡념을
잊기 위해
시작노트 펼쳐 놓고
오늘도
너를 잡아
상상의 날개 달아 본다
너란 놈
가두는 곳은
유일무이 시작노트

맥

첩첩산중
악산도
맥만 잘 타고나면
그 이름
유명해서
찾는 이 많건마는
야산은
산이라 해도
찾는 사람 드물다

사람도
맥 있으면
출세하기 수월하고
산 위에
오르기도
줄 있으면 수월하듯
산이나
사람에게도
맥과 줄이 필요하더라

맹목의 사랑

쥐도 쥐도
끝이 없는
자식 향한 부모사랑
수많은
사랑 중에
부모사랑 으뜸이지
대가성
사랑이라면
진실한 사랑 아니야

대충하고 지나가유

서운한 감정을 낱낱이 드러내어
시시콜콜 털어 내어 무엇을 얻을 손가
털어서 먼지 없는 사람 몇몇이나 될 거나

정답 없는 인생사 서로서로 헐 뜯어
너는 죽고 나만 살면 행복이 무슨 소용
인생사 거기서 거기니 대충대충 지나가

꿈을 무시할 거야

이런 꿈이 더 좋을까 저런 꿈이 더 좋을까
꿈해몽 해보면은 사람마다 모두 달라
에에라 모르겠더라 모두 다가 개꿈이라

꿈을 믿고 집착하면 마음이 싱숭생숭
무시하고 사는 것이 현명한 생각 같아
오늘도 마음 가볍게 쇼핑이나 할까나

선택되는 사람 팔자

요이– 땅! 달리기는 출발이 중요하고
인생의 출발도 시작이 중요해요
숟가락 색깔에서부터 인생 시작 차이나지

사람은 누구나 금수저 좋아하지
흙수저 좋은 사람 아무도 없겠지만
하지만 맘대로 안 되는 게 사람팔자 아니던가

에누리는 없는 세상살이

해는 점점 짧아지고 밤은 점점 길어져도
어차피 하루는 이십사 시 이듯이
인생도 좋든 싫든 간에 평생 안에 이뤄진다

부모님 은덕으로 이 세상에 온 이상
나쁜 건 보지 말고 좋은 것만 보면서
분수에 맞는 삶을 살아 후회 없이 살다 가자

어디에 등을 댈까

비상한 이야기가 구름발에 나돈다
이런 땐 바람 색도 짐작하기 어렵다
우리는 어느 색깔에 기대어야 할까요

이윤순 선생님 나오셔서 반갑습니다
모쪼록 건강하시길 마음으로 빕니다
언제면 우리 또 만나 회포 풀어볼까요

군불 지폈으니

시창작방
따스해서 그 방에 다 모이나

군불 때고
기다리니 구들목에 놀다 가소

노느니
염불한다고 시조잇기도 한 수 하고

더버서 죽을 뻔 했슈

다행히 날씨가 정신을 차렸어요
입추도 말복도 외면하던 날씨가요
늦지만 정신차려서 감사혀유 날씨님

며칠만 더 더웠으면 큰일 날 뻔 했지라우
우리카페 단골손님 윤순 할매 더위 잡숴
스토리 식구 한 명이 뱄옹 갈 뻔 했지라우

5부.

인생사 새옹지마

을자로 시작된 말

을자로 시작된 말 어려워 외면하죠
하지만 찾아보면 더러더러 있던데요
을밀대 생각하면요 대동강이 생각나요

대동강 생각하면 모란봉 생각나고
을지로 생각하면 을지문덕 생각나죠
우리의 아픈 과거사 을미사화 을사늑약

내 마음 쉬는 곳

소소한 일상에서 진심으로 살다 보면
천지신명 감동하여 행운도 올지 몰라
하늘이 몰라준다면 땅이라도 알 것지요

시조로 끝말잇기방 문턱이 닳겠지만
오동낭캐 걸린 이 몸 숨 쉴 곳 이곳이라
하루가 멀다하면서 들락날락 바쁘다오

고양이에게 생선가게 맡긴 듯

각종 뉴스 늘 보지만 오늘 뉴스 열 받네
나랏일 본답시고 국민 세금 물 쓰듯
멀쩡한 도구 내버리고 새 물건이 웬 말이고

나랏일 잘 보라고 대표로 뽑았더니
국민이 봉인가요 정말로 한심혀유
누릴 것 다 누리면서 입으로만 애국자

이맘 때 내 고향엔

유년시절 내 고향 갓골에 이맘때면
벌거숭이 동산엔 진달래 만발했지
온 산이 분홍색으로 물들어 있었지

진달래 아름 꺾어 단지에 꽂아놓고
입술이 퍼렇토록 꽃잎도 따먹었지
땅버들 강아지들을 오독오독 먹었지

천륜의 부재

사막에
태어났지만
꽃피워 보겠다고
물주고
바람 막고
성심을 다하건만
길 두고
산으로 가니
그 속내를 알 길 없다

잡초로
태어나도
초원을 만드는데
어이해
저 홀씨들
인지상정 외면하나
해거름
나그네 신세
우우양량 이로다

금수산 저승봉

금수산
저승봉에
가녀린 저 소나무
메마른
바위틈에
여윈 다리 끼워놓고
산 찾는
중생걱정에
휜 종아리 내놓았네

오르는 이
잡고가소
내려간 이 꼭 잡으소
옷이 닳고
살이 닳아
손때 묻어 반들반들
지은 업
너무도 많아
참회 수행 하는 건가

추풍낙엽

낙엽아!
바람을
탓하지 말어라
세월도
빗방울도
탓하지 말어라
그들도
다 제 갈 길을
가고 있을 뿐이란다

바위

이 세상
오실 때
큰 바위로 오신 당신
철따라
변화하는
초목과 철새들이
어이해
당신의 깊은 뜻을
헤아릴 수 있으리오

눈서리
모진 바람
맨몸으로 다 맞으며
꿋꿋이
자리 지켜
살아내신 당신
산천의
푸른 초목들
당신 덕에 존재하지요

해거름

해넘이
바라보니
인생과 다름없네
살갗을
따갑게 한
그 기운 어디가고
힘없이
선산에 주저앉은
노을 속에 저 태양

인생사 새옹지마

살맛나는
세상은
있는 사람 몫이고
지겨운
세상은
없는 사람 몫이지만
타고 난
자기 몫인데
어찌 할 수 없지요

금수저
물고 나왔다
뽐내지 말고요
흙수저
물고 나왔다
절망하지 맙시다
인생사
새옹지마라
한치 앞을 모른다오

자가용이 최고여

밤이면
도지는 병
옆구리 허전한 병
이집 저집
좋다 해도
내 기집이 최곤기라
이 밤도
끼고 누워서
모닥불 피워봐유

세월은 제 맘대로

구부정한
허리에
세월이 올라타고
어서가자
재촉하니
어느 장사 이길 손가
세월을
이겨 볼 장사
있으면 나와 보소

생이란 고해란다

너의 모습
어여쁘다
연두색
새 이파리
꿈에 부푼
너의 탄생
반겨는 준다마는
만만한
세상 아니란다
굳은 각오 필요해

사계의 해변

파도는
철없이
계절을 안 가리고
거품 안고
일렁이며
밤낮 없이 신이 났고
갯바위
몸 마를 날 없이
파도를 지켜낸다

노년을 누리리라

게으름
피우면서
늦잠을 자는 것도
추울 때
방콕도
노년의 특권이지
값비싼 대가 치르면서
쌓아온 나이니까

세월을 가두어 볼까

세월의
둑을 막아
세월 댐을 만들고서
배 띄워
그 안에다
가는 청춘 잡아 태워
청춘호
이름을 달아
시 읊으며 살고 싶어

세월의 치맛자락을 붙들고 싶어라

세월을
둑을 막아
세월 댐 만들고
배 띄워
그 안에다
가는 청춘 잡아 실어
청춘호
이름 달고서
두둥실 떠 놀고 싶어라

정을 다 주고 가요

나도 좋고 너도 좋은 정겨운 인사법은
내 맘도 밝아지고 주위도 밝아 지지
이웃을 만날 때마다 웃으면서 인사하자

마음도 나누고 사랑도 나누면서
잠시 왔다 가는 인생 인정 아껴 무엇해
주어도 고갈되지 않는 정 아낌없이 주고 가자

속잎 다 자라면 가는 게 세상 이치

해거름 골목길에 고물 줍는 할아버지
버림받은 세상고물 손수레에 수북한데
인人고물 재활용 안 돼 경로당에 모였구나

만물 중에 으뜸으로 만물을 지배하며
영장으로 살았으면 영장답게 가야하는데
어이해 우리 인간은 가는 순서 모르는가

6부. 투병 일기

황혼길의 생

을씨년 스럽게
도로를 쓸고 가는
늦가을 바람도
조만간 닥치겠지
나 또한 찬바람에 떠밀려
휘적휘적 떠나겠지

고통의 정유년을
미련 없이 벗어나면
다가오는 무술년은
날 반겨 맞아 줄까
희망의 새해가 될까
절망의 새해 될까

그 사람

모든 것
다 두고
통증만 안고 간 그이
울고 울고
또 울어도
남 본 듯이 떠나더니
한 십년
세월 흐르니
맘에 짐도 가져가더라

켜켜이
쟁여둔
수많은 정과 사연
시나브로
다 가져가
내 마음 비워지면
그때는
마지막으로
나도 데려가겠지

투병일기

– 위절제술을 받고

일흔 고개
넘어서면
숨 돌릴까 바랬더니
갈수록
오르막이라
숨 쉴 틈이 없구나
손자 놈
품 벗어나니
병마 놈이 안기네

칠십 년
지녀온 밥통
졸지에 떼어주고
병마 놈
비위 맞춰
벗하여 살아간다
운명의
수레바퀴에다
낡은 명줄 걸어놓고

보릿고개
넘던 시절
꼬르륵 울어대면
쑥죽으로
달래줬던
가여운 나의 밥통
올 때는
함께 왔는데
너만 먼저 보내누나

쪼그랑 복

그 사람 떠나고 옆자리 비어지니
암 친구 찾아 와서 동행을 하자 하네
수컷도 아닌 이내 몸이 우째 너랑 산단 말고

여우를 피하면 범 만난다 하더니만
시어머니 가시고 손자들 다 키우고
편할까 기대했었는데 이 무슨 날벼락

그 사람이 보내더냐 염라대왕이 시키더냐
올 때도 혼자 왔으니 혼자가도 되는 것을
자꾸만 고집 부리며 동행하길 원하느냐

인생의 종착역

하차할 역
다 와 가니
기적소리 외롭구나
아끼던 것 다 두고
빈손으로 내릴 준비
한 치 앞
모르고 살았던
그 시절이 좋았구려

모르면
약이 되고
알면은 병이란 말
종착역
가까우니
진실로 실감하며
아득히
멀어져가는
지난날을 회상한다

칠십 한 돌 케이크 촛불 분 여자

금이 가 부서질 일만 남아있는 여자가
나무906 카페에서 찻잔을 앞에 놓고
창 밖에 부서져 떨어지는 꽃잎들을 바라본다.

꽃잎은 봄바람 따라와서 가지에 앉았다가
봄바람 따라서 떠나가고 있고
여자는 인연 따라 왔다가 세월 따라 가고 있네

여자와 꽃 다음 봄에도 만날 수 있을까
초점 없는 눈동자로 무언의 이별 인사
차향이 둘의 이별에 서러움을 달랜다

새 백년지기

자식도
죽마고우도
하지 못할 동행을
무덤까지
함께 하려는
용감한 새 친구
떼 내도
떨어지지 않고
나 좋다고 매달리네

싫다 해도
달라붙는
눈치 없는 새 친구
좋은 걸
어쩌겠누
운명이면 할 수 없지
무섭고
외로운 길에
동행 생겨 좋구나

이별 앞에서

– 옆 병상의 부부를 위하여

부부로 맺은 인연
어느 덧 오십여 년
추억의 갈피마다
진한 정 새겨놓고
가려나 진정가려나
무정한 사람아

자네는 꽃 나는 나비
지금은 할배 할매
희비도 경험했고
애락도 맛보았네
내 안에 쌓인 사연들
자네 속에도 들었겠지

차라리 내가 가면
괴롭지 않을 것을
무너지는 이 마음을
자네는 알란가
다 잊고 모두 잊고 가서
내 자리 맡아두시게

이젠 나도 익었다오

인정도
사정도
안 통하는 인생살이
흔들리지
않고서는
영근 열매 없다지만
너무나
가혹합니다
이제 그만 흔들어요

죽음엔 순서가 없어

세상에
오는 문은
좁아서 순서 있고

저승 문은
넓어서
순서가 없다오

염라왕
잘못하는 것은
순서 없이 데려가는 것

다 주고 가자

나누고
베풀어도
고갈되지 않는 인정

아깝다
생각 말고
골고루 나눠주자

아껴도
가져갈 수 없는 정
남김없이 주고가자

그이의 손 전화

드르륵
드르륵
말문 막힌 전화기가
온 몸을
떨면서
제 주인을 부른다
제 주인
저 놓아두고
저승 간 줄 모르고

따스한
손길을
기다리던 전화기가
떨다 지쳐
힘이 모두
빠져서 꺼져버렸네
주인을
따라죽어서
저승까지 가려나

난 땅으로 돌아가리라

버거운
이 세상에
삼남매 오게 한 죄
말없이
품어주는
자연을 훼손 한 죄
그 죗값
너무 크므로
땅에 가서 자양분되리

가랑비
땅에 쓰며
생명을 지키듯
소리 없이
사알짝
가랑비 따라서
가리라
돌아가리라
땅속으로 가리라

어차피 가야 할 길

달도 차면
기울고
해도 차면 기우는 법
인생도
나이 차면
기우는 게 자연 법칙
자연을
이길 장사가
어디에도 없나니

가야 할
길이라서
떠나가는 것이라네
언제가도
가야 할 길
버텨서 무얼 하리
사랑한
식솔들하고
헤어짐은 아쉽다만

서리 맞은 순이

배 고프고
정 고프고
글 고팠던 순이가
훗날의
여유 위해
앞만 보고 달렸는데
핫바지
두 벌되니까
염라왕이 보자하네
배 부르고
정 부르고
시인도 되었고
무술년
새해에는
신춘문예 당선됐네
한 풀어
좋은 마당에
찬 서리가 웬 말이냐

대동 계곡 도랑물

천상에서 명을 다해 돌아온 빗물들아
부딪히고 깨지고 곤두박질 치면서
무엇이 바빠 가지고 그리 급히 달리느냐
먼저 가나 나중 가나 강에 가면 만날 것을
꽃도 보고 숲에 머물며 흘러가세 쉬어가세
용쓰고 거품 물어도 가는 곳은 강 바다뿐
엎어지고 자빠지고 아웅다웅 살아 온 인생
살고 보니 거기서거기 갈 곳은 저승뿐
저 물살 우리 인생 같아 안쓰러워 보이누나

산속의 요양원

속세를
떠난 이가
스님뿐 아니로다
요양원
식당이
공양간 모습이라
삭발한 환우님들이
먹거리와 씨름하네

먹어내면
살아남고
못 먹으면 쓰러진다
쓰러지면
끝장이기에
때때로 식사전쟁
세상사 고해라지만
이 고통에 비할까

51병동

북망산
가는 길은
두려운 초행길
통증이란 놈
엉겨붙어
기세 등등 재촉하네
이놈을
피하기 위해
호스피스 자청했네

동병상련
동행자
옆에 있어 외롭지 않은
통증이
부재한 곳
51병동에서
천사들
온정의 손길에
황천길이 수월하다

촛불을 바라보고 있는 남자

하이얀
병상 위에
꺼져가는 촛불 하나
산소가
부족한지
일렁이지 않는 촛불
남자는
손에다 턱을 괴고
말없이 바라본다

즐거웠던
추억을
회상하고 있는 걸까
후회스런
과거를
생각하고 있을까
미래는 꾸밀 수 있지만
과거는 못 꾸미는 걸

못 말리는 할매

옆 병상
딸래미와
싸우는 백두 살 할매
밤낮을
자지 않고
무슨 말을 계속한다
저승의
언어 배워서
저승 갈 준비하나

염라왕께
면접 보나
알아먹지 못 할 말들
서답[2)]하고
반질[3)]하고
국시[4)] 밀고 중얼중얼
그 할매
살아온 세월이
영화처럼 연상된다

---

2) 빨래
3) 바느질
4) 국수

<작품해설>

가족들의 꿈을 위한 퍼즐조각

– 김순진 (문학평론가 서울 은평문인협회 회장)

<작품해설>

가족들의 꿈을 위한 퍼즐 조각

김 순 진

이윤순 선생님을 만나게 된 것은 인터넷이 우리에게 준 최상의 선물중 하나다. 나는 '인터넷에서 이렇게 소중한 인연도 만나는구나'라고 이 시집을 읽게 될 사람들에게 이야기하고 싶다. 이윤순 선생님은 지난 2010년 3월 22일 필자가 운영하는 한국스토리문인협회 카페에 가입하셨다. 그러니까 선생님과 만난 지 불과 10년이 채 안 된다. 가입 후 한 달 쯤 뒤인 4월 15일에 전신이 나오는 사진 한 장과 함께 가입인사를 올리셨다. "반갑습니다. 여러분께 가입 인사 올립니다."가 이윤순 선생님께서 '젊은 할매'라는 닉네임으로 가입하셔서 우리에게 하신 첫 인사말이다. 전혀 미사여구도 없고 그냥 평범한 사람이 보내는 인사였다. 거기에 내가 "이윤순 선생님 어서 오세요. 잘 오셨습니다. 진심으로 환영합니다."라고 덧글을 달았고 뒤를 이어 박승연 시인이 "어서 오세요. 반갑습니다."라 환영하니 "환영해주셔서 감사 합니다. 많이 배우도록 이끌어 주십시오." 라고 겸손하게 인사를 했다. 이어 권은중 시인이 "어서 오세요. 반갑습니다. 한국스토리문인협회에 오심을 진심으로 환영합니다."라며 환영인사를 했고, 김필영 시인이 "사진으로 뵈오니 더욱 반갑습니다. 환영하고요."라 환영의 글을 남겼다. 이어 오현주 시인은 "이윤순 시인님 반가워요. 고운 인연 오래 함께해요."라고 반가운 인사를 남겼다. 이에 이윤순 선생께서 "고맙습니다. 관심 가져 주셔서… 저도 오현주 님을 찾아 봤답니다. 젊음이 부럽답니다. 예쁘시고요. 계속 관심 가져주시면 고맙겠습니다."라고 인사했다. 이때만 해도 지극히 평범한 때였다. 그런데 이윤순 시인은 문학카페인 한국스토리문인협회에서 글 쓰는 것에 차츰 재미를 느끼기 시작했다. 처음 이윤순 시인은 시인으로 등단하고 싶었으나 시는 좀 배우셔야 할 것 같아 나는 수필쓰기를 권장했다.

카페 가입 1년 후 그녀가 보내온 수필은 훌륭했다. 그래서 그는 2011년 여름호에 수필 「할머니는 가정의 기둥이다」 외 1편의 작품으로 스토리문학에 당당히 수필가로 등단하면서 문인의 이름을 가지게 된다. 그러나 수필가의 이름도 그녀의 갈증을 가셔줄 수는 없었다. 그는 다시 정진해서 2012년 여름호에 시 「일편단심 민들레야」 외 2편의 작품으로 당당히 시인이 된다.

그는 당선소감을 통해 "많이 모자라 부끄러울 따름입니다. 내가 세상에 제일 부러워하는 것은 돈 많은 부자도 아니요, 좋은 옷 입는 멋쟁이도 아니요, 오직, 많은 지식과 인품을 고루 갖춘 사람입니다. 시인은 나의 소시적부터 희망사항이었을 뿐, 가방 끈이 짧다보니 감히 엄두도 내지 못했었는데, 지금 이렇게 당선 소감을 쓰고 있으니 도무지 실감이 나지 않아 어리둥절합니다. 주제파악도 못 하는 사람 같아 쑥스럽고 부끄러운 마음에 얼굴이 뜨거워집니다. 열매 다 털어버린 인생의 가을에서, 빈둥지증후군에 휩싸여 서글프게 살기보다는 무언가 동기부여를 해서 꾸준히 노력하고, 많은 배움과 창작으로 이모작 인생으로 거듭나, 노년에 삶을 살찌우며 갑갑한 마음을 환기시켜볼까 해서, 서툴지만 글쓰기를 시작했던 것입니다. 늦긴 했지만 지금부터라도 저를 밀어주고 이끌어주시는 여러 선생님들의 기대에 힘입어 비어있는 지식의 주머니에 지식과 지혜를 열심히 주워 담아 시의 격을 높일 수 있는 수련을 하기로 마음을 다져보면서, 미흡한 저의 시를 뽑아주신 심사위원님과 스토리문학 여러 선생님들, 그리고 김순진 교수님께 진심으로 깊이 감사드립니다. 끝으로 저를 사랑해주시는 가족, 친지, 친구, 나를 아는 모든 분들과 이 흐뭇함을 나누고자 합니다. 감사합니다."라고 적고 있다.

이윤순 시인에게 시인이란 칭호는 어렸을 적부터 꿈이었던 것이다. 그의 꿈은 거기에서 끝나지 않는다. 그는 날마다 한국스토리문인협회 카페에 들어와 덧글을 달고 글을 쓰며 시조로 끝말잇기 방에 들어와 시조창작 활동에 열중한다. 처음 나는 우리 카페 회원들에게 시조를 가르칠 욕심으로 '7자끝말잇기' 방을 만들었다. 그리고 6개월의 훈련기간을 거쳐 '14자끝말잇기' 방으로 전환했고, 이후 1년 정도 경과한 후에 '14자3연끝말잇기'방으로 바꾼 후 내 의도대로 '시조로끝말잇기' 방을 만들었다. 회원들은 열심히 시조창작활동을 했다. 그리고 윤정 시인이 전국한밭시조백일장에서 장원과 아울러 <정형시학>에 등단을 하고 이윤순 시인께서 2018년 <불교신문> 신춘문예에 당선하는 등 두각을 나타내는 시인들이 나타나게 된다. 그리고 나는 2018년 스토리문학 100호 출판기념회 겸 스토리문학상 시상식에서 장문 시조시인을 제6회 스토리문학상 시소부문의 수상자로 선정하는 한편 시조로끝말잇기의 우수작과 활동시조시인들의 작품을 모아 첫 독백시조동인지 『계란찜이 끓는 동안』을 출판하기에 이른다.

이윤순 시인은 그런 과정을 거쳐 신춘문예에 당선한 시조시인이 된다. 이윤순 시인은 불과 9년 안에 세 가지 소원을 이룬 셈이다. 그런데 하느님은 정말 야속하시다. 평생 가족만 알고 살아온, 자식을 길러내고 손자들을 돌본 죄밖에 없는 그에게 위암이라는 큰 시련을 주신 것이다. 지난해 말에 위암절제수술을 받으셔서 괜찮거니 싶었다. 그런데 그녀는 지금 호스피스 병동에서 승천을 기다리신다. 그녀는 그동안 별이 되기 위해 마음을 깨끗이 씻었고 수많은 시인들이 별이 되어 하늘에 올라가 우리를 비쳐주는 것처럼 그녀도 하늘로 올라가셔서 우리의 꿈을 비쳐줄 것이다.

그럼 이윤순 시인의 시조를 살펴보면서 이야기를 더 해보자.

꽃이란 이름으로 세상에 온 죄로

빗방울이 간질이고 바람이 흔들어도
꺾이면 끝장이기에 웃으면서 한들한들

연약함이 죄 인가요 향 좋은 게 죄 인가요
꿀벌들 제멋대로 허락 없이 들락날락
꿀 채취 핑계 삼아서 독침 쏘지 말아요

독침 맞은 예쁜 꽃 벙어리 냉가슴
아무리 꽃과 벌이 상생하는 숲이지만
군것질 거리 아니라오 자존심 밟지 마오

–「꽃들의 반란」 전문

이윤순 시인은 꽃이었다. 그런데 자신은 꽃인 줄 모르고 살아왔다. 자신은 꽃병이거나 수반, 침봉인 줄 알았다. 꽃밭인줄 알고 살아오셨다. 어머니들은 자신이 꽃인 줄 모르고 꽃을 아름답게 꽂을 수 있는 도구인 줄 안다. 자신을 거친 밭으로만 생각하고 산다. 그러나 꽃병이란 꽃과 병과 물과 올려놓을 선반이나 화장대까지, 벽지까지를 꽃병이라 말한다. 어머니는 꽃밭이요 화병이다. 어머니가 웃으면 온 집안이 행복해지고 어머니가 아프시면 온 집안이 어둡게 된다. 이윤순 선생님께서는 충분히 아름다운 꽃이셨다. 아무리 가난하더라도 옛사람들의 집 마당가에는 꽃밭이 있었다. 어릴 적 끼니꺼리가 부족한 우리 집에도 화단은 있었다. 채송화와 봉숭아꽃, 맨드라미와 족두리꽃이 피었고 뒤쪽으로 키다리꽃이 매년 피는 꽃밭이 있었다. 그 꽃밭은 어머니의

자존심이었다. 나는 맏이로서 어머니의 꽃밭만들기를 많이 도와드렸다. 개울가에서 납작하고 큰 돌을 주워 와 화단을 만들고 퇴비도 갈아주었던 생각이 난다. 포천에서 출생하여 수많은 소설책을 내신 이해조 소설가의 소설 중에 『봉선화』라는 소설이 있다. 이 소설의 발단은 초여름에 봉선화를 얻어다 화단에 심는데서 시작된다. 비가 부슬부슬 내리는 어느 초여름 여승지 집, 박씨부인의 몸종 은례는 봉선화 꽃모종을 얻어가지고 대문을 들어선다. 그런데 그 봉숭아 꽃모종을 여승지의 세 번째 부인의 딸인 난옥이가 모두 뺏어다가 자기와 엄마인 구씨, 그리고 그 몸종인 추월이가 사는 곳 뒤뜰에다 심는다. 은례는 억울한 마음으로 돌아오다가 마루 위에 떨어진 봉숭아 모종 한 개를 주워 박씨부인 방 앞뜰에 심고 날마다 물을 주며 정성으로 기르지만 채란이가 빼앗아서 심은 화초들은 심어만 놓았지 관리가 전혀 없어 물은 구경도 제대로 못 하고 말라가는 데다 병이 들어 자라지 못한다. 그러던 중 은례가 심은 봉숭아에는 싹이 무성하고 꽃이 많이 피었는데 난옥과 그의 몸종 추월이가 모두 뜯어가 버린다. 여기서 길게 소설 이야기를 할 수는 없지만 이해조의 소설 속에서만 보더라도 우리네 여인네들이 얼마나 꽃을 잘 가꾸고 좋아했는지를 알 수 있다. 이윤순 선생님은 여린 꽃으로 태어났지만 자신을 울타리처럼 생각하고 사셨다. 그러나 그의 마음의 꽃은 이제 문학작품으로 피어나고 있다. 그 꽃은 시집이라는 죽지 않는 꽃밭에서 자식이라는 마음의 꽃밭에서 영원히 피어날 것이다.

울도 담도
없는 집
마당에 주저앉아
오고간 이
거동 보며
도선생을 찾는데
어떤 놈
도선생인지
도대체가 알 수 없어

눈치 후각
백 단으로
고개만 갸우뚱
짖어 볼까
말아 볼까
망설이는 멍멍이
도샘도
사람과 같으니
가려내기 어렵도다

— 「멍멍이의 고민」

참 재미있는 시조다. 아무리 똑똑한 개도 요즘은 도둑인지 아닌지 가려낼 방법이 없다. 허름한 옷을 입고 있는 것도 아니고 집에 들어가 쌀이나 콩, 참깨를 훔쳐갈 도둑은 이제 거의 없다. 20년 전만 해도 빈집털이범이나 좀도둑이 활개를 치는 세상이었다. 그러더니 언제부터인가 휴대전화가 필수품이 되면서 도둑들이 보이스 피싱으로 진화했다. 그러다 이제는 아이디와 비번의 복제를 통해 통장의 돈을 모두 빼내간다. 인터넷 결재를 막아 안 되는 과정에 마치 은행의 직원처럼, 경찰처럼 전화를 해서 비번을 바꾸라며 돈을 빼간다. 군대 간 아들이 무얼 잘못했으니 빨리 통장으로 100만원을 부치라며 시골노인들을 우롱한다. 현금CD기에 카드복제기를 부착해 카드를 만들어서 현금을 모두 빼간다. 주차장에서 고급 차량들에 들어있는 골프채만을 훔쳐 파는 전문털이범도 있다. 사람의 장기를 떼다 팔기도 하고 할머니들을 시켜 좌판에서 무얼 팔게 하다가 신경제를 맡아 정신을 잃으면 가방이나 지갑을 빼내가기도 한다. 이제 개는 더 이상 도둑을 지키는 역할을 하지 못한다. 거위가 집을 지키던 생각은 아예 할 수가 없다. 현대의 개는 그냥 외로운 사람에게 친구일 분이다. 그래서 반려견이라는 말을 하기에 이르렀다. 개가 누가 도둑인지 알 필요가 없어진 세상이라는 게 더 없이 씁쓸하다.

퍼즐을
맞추려고
여기 왔다 저기 갔다
빠진 일상
메우는 게
이 몸의 보람이라
늙어도
쓸모 있음이
얼마나 다행인가

이 한 조각
빠지면
그림이 완성 안 돼
마눌자리
며늘자리
엄마와 할머니 자리
틈 없이
메우다 보니
내 청춘 간 데 없네

– 「나는야 퍼즐 조각」 전문

'나는야 퍼즐 조각'이라는 말이 참으로 싸하게 들린다. 직장 생활하는 며느리와 아들의 뒷바라지를 하느라고 손자들을 맡아 기르는 할머니들이 많은 사회다. 우리 아들이 초등학교 5학년 때 엄마에게 "엄마, 내가 아기 낳으면 엄마가 길러줘야 돼."라고 말을 해서 나는 기가 막힌다는 표정을 지었던 적이 있다. 고작 초등학교 5학년의 남자아이가 그런 말을 하다니……. 이제 신혼부부의 아이들을 부모님께서 봐주지 않으면 집이라도 사고 부자로 살기에는 너무나 어려운 세상이다. 그러니 그 어린 아들이 자신의 장래를 생각하면서 엄마에게 그런 이야기를 했을 것 같다. 옛날에는 처갓집하고 화장실은 멀수록 좋다고 했다. 그러나 그것은 옛말이 된지 오래다. 요즘 결혼하는 신혼부부들은 친정 부모님이 아이를 봐줄 수 있고, 반찬꺼리라도 얻어다 먹을 수 있는 처갓집의 가까운 거리에 살고 싶어 한다. 방마다 화장실을 만들어 넣어서 형제간에 순서를 기다리거나 탈의한 모습을 보여주는 일이 줄었다. 참으로 편리한 세상이긴 하다. 이윤순 선생님은 정말 퍼즐 조각처럼 살아오셨다. 한 아이를 유치원 데려다주고, 한 아이는 학교에 마중 갔다가 데려다 밥 먹여 학원에 보내야 하고……. 식구들 먹을 반찬도 만들어야 하고, 아들며느리의 빨래도 하고 옷도 다려야 하고……. 게다가 집안의 제사나 성묘를 챙겨야 하고, 글도 써야 하니 그 고단한 마음이 어떠셨을까? 힘들어도 손자의 재롱과 웃음을 보시면서 '이제 조금 있으면 아이들이 자라겠지. 조금만 더 참고 내가 희생을 하자'하고 인내하셨을 것 같다. 그런데 아이들이 품에서 벗어나려 하니까 덜컥 위암에 걸리게 되셨으니 그 노심초사와 수고로움을 누가 보상해줄까? 그러니 시라도 쓰고 사셨을 것 같다. 참으로 다행스러운 것은 늦게나마 수필가가 되시고 시인, 시조인이 되신 것은 축복이라 할 수 있겠다.

> 설마에
> 속아 산 세월
> 어느 덧 팔십 여년
> 태워도
> 안 타더라
> 끓여도 안 익더라
> 아파도
> 끊기지 않는 너 북망산은 끊어줄까

세상에
질긴 끈이
천륜 말고 또 있을까
노구의
어깨 위에
버거운 짐 덩이들
방하착(放下着)
할 수 없으니 착득거(着得去) 할 수밖에

– 「애간장(肝腸)」 전문

이 시는 이윤순 시인의 2018년 <불교신문> 신춘문예 당선작이다. 나는 그때 그녀의 신춘문예 시상식에 참석을 했다. 너무나 좋아서, 너무나 행복해서다. 그런데 그때 이윤순 시인은 위암 절제수술을 받은 후라 병원에 다녀가야 한다고 하시며 일찍 자리를 뜨셨다. 그 이후 한 번도 뵙지 못했다. 이 시는 아마도 시인께서 위암절제수술을 받으시고 그 심정을 쓰신 것이 아닌가 하는 생각이 든다. 애간장이 녹는다는 말이 있다. 아이가 재롱을 부릴 때도 그런 말을 하지만, 하고 싶은 대로 안 될 때도 그런 말을 한다. 이 시는 아마도 후자의 경우가 아닌가 싶다. 정도야 덜하겠지만 이윤순 선생님께서 임종을 앞두고 계시다는 소식을 들으니 나의 애간장이 녹는 심정이다. 전쟁과 가난, 그 소용돌이의 틈바구니에서 태어나고 자라느라 제대로 공부 못한 억울함, 남존여비시절에 여자의 몸으로 받아야 했던 설움은 가히 전쟁 수준이었을 것 같다. 73년 동안 살아오시면서 세상에 대한 부조리함을 얼마나 많이 보아오셨을까? 하고 싶은 것을 할 수 없는 자신의 부조리, 너무 넘쳐서 감당하기 어려운 낭비에 대한 부조리를 보면서 얼마나 힘드셨을까? 원래 '방하착'이란 말고 '착득거'란 같은 일화 속에 나오는 이야기가 아니다. 두 이야기를 모아 놓은 형식이다. 옛날 중국의 어느 스님이 탁발을 위해 가파른 길을 가고 있었다. 그런다 한 장님이 나무에 매달려 부르고 있었다. "내가 지금 천 길 낭떠러지에 매달려 있는데 제발 나를 살려주시오." 스님은 살고 싶으면 그 손을 놓으라 했다. 그 장님은 겨우 사람 한 키 정도의 높이에 매달려 있었기 때문이다. 살고 싶으면 놓으라. 그 말이 방하착이란 뜻이다. '착득거'란 무엇일까? 옛날 중국에 박식한 노인이 살고 있었다. 두 청년이 그를 찾아와 제자가 되길 청했다. 그 노인은 제자들에게 공터를 알려주며 그곳에 반년 후에 절을 지을 것이니 풀을 뽑으라 했다. 그런데 풀이 또 나고 또 나고 해서 도무지 풀을 다 뽑을 수가 없었다. 청년들은 풀보다 생명력이 좋은 곡식을 심어 풀을 잡을 수 있었다. '착득거'란 지고가라는 말로 방하착의 반대말이다. 피할 수 없으면 즐기란 말도 그런 말인 것 같다. 이윤순 시인은 방하착, 아이들 기르는 것, 살림하는 것을 포기할 수 없으니 나가서 마음대로 노는 것을 포기하고 착득거하여 결국 시인이 된 것이다. 아마도 이 시는 절에 관한 일화를 시화한 것으로 <불교신문> 신춘문예 심사위원들에게 가산점이 되지 않았을까 하는 생각이 든다.

나는야 복이 많아 어머니가 두 분이라
낳아주신 어머니와 길러주신 어머니
이 두 분 아니었으면 지금의 내가 없지

낳아주신 어머니는 얼굴 몰라 정도 몰라
길러주신 어머니만 속속들이 정 들었네
엄마를 떠올릴 때면 새엄마가 떠올라

낳은 정 기른 정 두 정 다 중하지만
자라면서 부대낀 정 그 정을 무시 못해
지금도 맘이 짠하네 그리워라 새 엄마

— 「두 어머니」 전문

이윤순 시인과 나는 어쩌면 정말 비슷한 환경에서 자랐다. 아니 이윤순 시인은 태어나자마자 생모가 돌아가시고 새어머니 밑에서 성장했으니 나보다 훨씬 더 마음고생을 하셨을 것 같다. 나는 중학교 3학년 때 어머니가 돌아가셨다. 그리고 새어머니께서는 내가 군대에 갔을 때 남동생을 데리고 오셔서 우리를 모두 출가시켜 주시고, 아이들까지 길러주시다가 지난 2011년 부활절에 교회에 식사봉사 준비를 해 머리에 이고 길을 건너다가 택시에 교통사고를 당하셔서 그 자리에서 돌아가셨다. 그날 천국의 문이 잠시 열렸는데, 새어머니는 그렇게라도 들어가지 않으시면 안 되는 상황이었을 것이라 나는 사람들에게 말을 한다. 왜냐하면 새어머니는 평생 남을 위해 봉사하신 분으로 천국에 가셨을 것이

확실하기 때문이다. 5년 전쯤 아버지께서 국수를 사잡숫다가 갑자기 돌아가셨을 때 나는 생어머니와 아버지, 새어머니를 합장해드렸다. 물론 생어머니와 새어머니는 만난 적이 없으시다. 그러나 두 분은 모두 천사이셨기 때문에 절대 싸우지 않으시리라 확신한다. 생모님께서는 문둥이와 상의군인까지 감싸며 밥동냥 온 거지의 바가지에 잡숫던 밥을 털어 부어주시던 분이셨고, 새어머니는 남의 죽은 자리를 깨끗하게 청소해주시던 분이셨다. 나는 두 분의 사랑으로 이만큼 성장하는 것 같다. 내가 세 분을 합장하려고 하자 작은아버지와 큰어머니께서 반대를 하셨다. 나는 두 어른들께 "아니 생어머니와는 15년 살고 새어머니와는 25년 살았는데 그까짓 법도가 뭐가 중요해요?"라고 소리를 지르며 합장을 강행했다. 그때 세분을 합장하지 않았다면 새어머니께서 데리고 왔던 동생은 아마 지금쯤 남이 되었을 것이다. 나는 그 동생이 나와 성이 다르고 하는 일이 다르지만 남이라 생각지 않는다. 그래서 그 동생의 결혼식을 주관해주고 아이들의 돌백일까지 챙겨준다. 그것은 새어머니께서 우리에게 주신 사랑에 대한 보답이라 생각한다. 이윤순 시인처럼 나도 두 어머니께 감사한다.

왜관읍 봉계리는 덕산이씨 집성촌
옆집에 종숙모 뒷집에 삼종 오빠
거의 다 일가였다네 훈훈한 고향마을

친구도 일가요 동창생도 일가였네

명절날은 대소가를 두루 돌며 세배 제사
때 지어 찾아다니며 즐거웠던 내 고향

남녀 칠세 부동석 지키던 그 시절
타성 남자 마주치면 서로가 외면했지
남녀가 유별하다고 엄한 율법 지켰었지

지금 와 생각하니 웃음이 절로난다
육년을 한 교실서 공부했던 그 남친도
이제사 동창회 가면 악수를 한다오

부자들의 놀이 공간 골프장이 들어와서
산천이 파 헤쳐져 옛 모습 간 곳 없고
정든 이 모두 떠나고 낯선 사람 수두룩해

– 「나는야 덕산의 딸」

이윤순 시인의 본은 덕산이다. 디지털칠곡문화대사전에 따르면 “덕산이씨(德山李氏)는 고려 명종 때 덕풍(德豊: 또는 덕산)호장을 지낸 이존술(李存述)을 시조로 한다. 아들 이언후(李彦厚), 손자 이극보(李克甫)는 모두 검교(檢校) 대장군(大將軍)을 지냈다. 덕풍호장을 충남 예산군 덕산에서 지낸 연유로 덕산을 본관으로 하여 세계(世系)를 계승(繼承)하고 있다. 덕산 이씨의 큰집인 중시조 이유(李愉)의 후손들이 칠곡군에 정착 뿌리를 내리기는 조선 세조 초기 단종 복위 사건 때이다. 순흥의 집성촌에 철퇴가 내려지는 통에 장손 이운현(李云顯)은 조정 요직에서 위협을 느껴 칠곡 팔공산 자락

심산유곡으로 숨어들어 긴 은거 생활에 들어가게 되었다. 이운현(李云顯)의 부인이 칠곡의 인동에 세거한 강릉 유씨였으니 엄동설한에 산중에서 생명을 유지하려면 숨은 손길의 도움이 필요하여 처가 쪽으로 왔으리라 짐작된다. 그런 연유로 팔공산 자락의 산줄기를 맴돌며 왜관읍 봉계리, 지천면 달서리, 동명면 봉암리 등에 집성촌을 형성하고 있다."고 한다. 이윤순 시인은 그 후손으로 왜관읍 봉계리에는 창강(蒼崗) 이덕수(李德樹)의 얼을 기리는 봉계 정사가 있어 후손들과 칠곡의 유림들이 제향하고 있다. 이처럼 양반의 자손인 이윤순 시인의 고향도 골프장이 들어와서 산천이 파헤쳐졌는데, 우리 고향 동네도 요즘 골프장 사업이 한창이니 참 안 닮아도 될 것을 닮았다는 생각을 해본다.

북망산
가는 길은
두려운 초행길
통증이란 놈
엉겨붙어
기세 등등 재촉하네
이놈을
피하기 위해
호스피스 자청했네
>
동병상련
동행자
옆에 있어 외롭지 않은
통증이

부재한 곳
51병동에서
천사들
온정의 손길에
황천길이 수월하다

— 「51병동」 전문

요즘 이윤순 시인은 호스피스 병동에서 이 시조집을 준비하면서 인생의 마지막 불꽃을 태우고 있다. 이윤순 시인께서 '죽기 전에 시조집을 보았으면 좋겠다'고 하신다는 며느님의 메일을 받고 나는 한참이나 꺼이꺼이 울었다. 그리고 당장 달려가서 뵙고 오려 했다. 그런데 이윤순 시인께서는 극구 사양하신다. 건강상태가 매우 안 좋은데 어찌 보여드리느냐는 것이다. 대구에 살고 있는 정소진 시인도 '가 뵙고 싶다'는 말에 정중히 사양하셨다는 소리를 들었다. 이에 나는 이 시조집을 정성껏 만들어드리는 것으로 그간의 감사함을 대신해야겠다는 생각을 했다. 나는 내년부터 스토리문학상 시조부문을 이윤순시조문학상이라 부르련다. 왜냐하면 유명시인만 이름을 걸고 상을 주는 것이 아니라 이윤순 시인 같이 성실하고 열심히 살아온 분은 충분히 귀감이 되기 때문이다. 그리고 보령문인협회 회장을 지내고 있는 김유제 시인에게 부탁해 보령의 시비공원에 소박하게나마 이윤순 시인의 시비 하나를 세워드리려 한다. 이윤순 시인께서는 '나 같은 사람이 자격도 없는데 무슨 문학상에 이름을 넣을 자격이 있느냐'고 사양하시지만 부자와 잘난 사람만 상을 만드는 것은 아니다. 이윤순 선생님처럼 정말 열심히 스토리문학을 애써 오신 분은 또 몇 분이나 있는가? 이윤순 선생님은 스토리문학의 가장 확실하고 진정한 공로자시다. 상금으로 큰돈을 드릴 수 없는 환경이라 미안하긴 하지만 소정의 상금을 마련해서 이윤순 시인님의 이름을 길이 빛내려는 것이 나의 뜻이다.

갑자기 작품해설을 쓰게 돼서 별 문학전문용어를 사용하지도 못하고 그저 인연이야기로만 해설을 써보았다. 이윤순 시인께서 앞으로 몇 달을 사실지, 며칠을 사질지 모른다. 어쩌면 시집과 시비가 세워진다는 희망이 병을 낫게 해줄 수도 있다는 소망을 해본다. 그러나 분명 이윤순 시인은 별이 되실 자격이 있고, 별나라로 주소를 옮기게 되면 나는 앞으로 더 자주 하늘의 별을 바라볼 것 같다. 이윤순 선생님께서는 자주 내 머리 위에 와서 반짝이는 지혜를 선물해주실 것이다. 지금 이 순간 이윤순 시인께서는 영생하시기 위해 손을 내려놓으며 방하착 있는 중이다. 마음의 절을 짓기 위해서 자식들의 아픔과 수고의 짐을 모두 지고 가시려 착득거 하고 계시는 중이다. 나는 그런 이윤순 시인께 아름답게 빛나는 별이란 뜻의 요나(별 요 曜, 아름다울 나 娜)라는 호를 지어드린다.

요나曜娜 선생님 잘 가세요, 그동안 고마웠어요.

부디 안녕.

이 도서의 국립중앙도서관 출판예정도서목록(CIP)은 서지정보유통지원시스템 홈페이지(http://seoji.nl.go.kr)와 국가자료종합목록시스템(http://www.nl.go.kr/kolisnet)에서 이용하실 수 있습니다.

(CIP제어번호 : CIP2018027172)

이윤순 시조집

나눔의 퍼즐 조각

초판인쇄일 2018년 09월 05일
초판발행일 2018년 09월 10일

지은이 : 이윤순
펴낸곳 : 도서출판 문학공원
펴낸이 : 김순진
편집장 : 전하라
디자인 : 김초롱
등 록 : 2004년 3월 9일 제6-706호
주 소 : (우편번호 03382)서울 은평구 통일로 633
녹번오피스텔 501호 스토리문학사
전 화 : 02-2234-1666
팩 스 : 02-2236-1666
홈페이지 : http://cafe.daum.net/yob51
이메일 : 4615562@hanmail.net